亞洲篇
國家是怎樣煉成的
三分鐘看懂漫畫世界史
賽雷/著
秦

【推薦序】

從三國的帝國崛起看世界

《非普通三國：寫給年輕人看的三國史》作者　**普通人**

在推薦《國家是怎樣煉成的》之前，請先讓我稍微聊聊我所熟悉的三國。

三國時代經由無數的二次創作推波助瀾，成為最被大眾所認識的中國歷史，然而在悠悠的歷史長河之中，三國只不過是在大一統的東漢帝國走向魏晉南北朝大分裂之前的一段過渡期。在這短暫且激烈的時代，從各地蜂起的群雄割據，漸漸整併成曹魏、蜀漢、孫吳三個帝國鼎足天下。

魏、蜀、吳三國的形成原因，各有各的機緣巧合。曹魏先以過去東漢帝國的權威做為號召，再以帶有神祕色彩的「天命」之說，進行以魏代漢的政權更替；蜀漢則是將目標訂為「復興漢室」，立志重返昔日漢帝國的榮耀；孫吳仰賴的則是家族長期經營爭取認同，再效仿曹魏用虛無飄渺的天命論，強調自身政權存在的正當性。

由於不同的理念、不同的環境、不同的際遇，因而造就出截然不同的國家性格。短短不到百年的三國時代就已經有著如此差異，更遑論若將視野放大到整個人類歷史，那更是千變萬化，不可窮極。

《國家是怎樣煉成的》這套書，正是將其中的精彩與奧妙呈現給各位讀者。作者賽雷老師總共挑選二十五個至今存在的國家，以最簡明扼要、生動有趣的方式來訴說他們為何而生、未來何去何從的故事。

讀完《國家是怎樣煉成的》後，令我想起二〇〇六年中國中央電視臺製作了一套紀錄片《大國崛起》。節目裡頭介紹九個自人類地理大發現後至今，陸續在世界引領風騷的國家。然而《大國崛起》的製作邏輯基於對「中國夢」的期待，依舊著重在傳統認知到在軍事、經濟、政治制度上積極影響世界的那種強大。

《國家是怎樣煉成的》全套三冊所介紹的二十五個國家，也同樣是當今世界上的「大國」，但《國家是怎樣煉成的》詮釋下的大國，卻是可以分成很多層次的。

有挾帶著古文明光輝，今日力圖重返榮耀的大國；有因人類技術飛躍進步應運而生，至今仍發揮相當影響力的大國；有曾經興盛，但現在前途迷茫的大國；有從原先只是殖民地，獨立後慢慢走出一條康莊大道的大國；有現實條件上諸多限制，但憑藉各種科技與制度的精進，另外殺出重圍的大國。

既然國家的誕生緣由各有不同，那麼國家的強盛當然也會有多元的形式。你使你的屠龍刀，我耍我的打狗棒，大家百花爭豔、各有巧妙。這是身為生長在臺灣的我，在《國家是怎樣煉成的》這套書中得到的最大收穫。

當然若沒有什麼太多考慮，只是單純抱著求知的心情，快速輕鬆地認識各個國家的歷史發展軌跡的話，《國家是怎樣煉成的》會是一個非常好的選擇。

一趟深入淺出的歷史巡禮

鄉民推爆網路人氣說書人　**黑貓老師**

常常有網友會來問我：「老師，有沒有推薦給新手的入門歷史書呢？」

這種信裡面的「新手」有兩種可能：第一種是指這個人雖然有在看書，但之前沒看過歷史題材的書；第二種則是指平常就沒什麼閱讀習慣的人。

對於這兩種人，我的書單是完全不一樣的。

為什麼不一樣呢？

老實說，歷史題材的書，內容深度可輕可重，輕一點的可以讓人像是在讀故事書，敘述節奏輕快又精彩，讓人一頁接一頁地看，看完一個章節就可以讓讀者約略了解一個歷史事件的來龍去脈，以及它對人類、國家造成的影響。

但是也有些歷史書非常硬派，一整本幾千頁的內容都只對你聊一件事，鉅細靡遺地把所有從歷史文件中挖出來的資料全部整理給讀者，像這種充滿大量資訊與考據的歷史書，如果讀者不是深度歷史迷、軍武迷，沒有大量閱讀過相關主題的話，往往根本看不完整本書，買了就是放進書櫃做收藏，哪天在網路上發文章或和人筆戰的時候才會拿出來找資料。

對於現代人來說，錢有限、時間有限；對於一個愛書人來說，書櫃的空間也有限。

所以買書也要認真挑選自己喜歡、適合的書，「要買哪一本書」這件事本身就是一件需要認真做功課的事。

於是我們回到一開始的問題：「老師，有沒有推薦給新手的入門歷史書呢？」

這套《國家是怎樣煉成的：三分鐘看懂漫畫世界史》就是答案了。

市面上歷史普及的書愈來愈多，但這一套特別不一樣。它不但深入淺出，更有著大量幫助讀者理解的插圖與漫畫，將許多國家建國與發展的歷史利用擬人的方式整理成懶人包，敘事手法幽默，人物可愛逗趣，讓這套史普書不但好看，讀起來毫不拖泥帶水，一頁接著一頁停不下來，就像是在看電影似的，完全沒有讀其他歷史書時容易出現的煩悶感。

看完這套書，就可以了解現在世界各個國家是怎麼從零到有，建國時有什麼樣的心路歷程，最後又是怎麼樣發展到現在的規模。探索這些過程往往充滿驚奇，你會發現，就算是大如美國的世界霸主，都曾經只是小小的殖民地，有著弱小的曾經，有著跌跌撞撞的過去，甚至還有許多國家是陰錯陽差登入世界舞臺的呢！

大部分新聞上會出現的國家，這套都有，三分鐘一個，全套書有二十五國，從此以後，不論在什麼場合看到國際新聞，信手拈來就是一段精彩又爆笑的歷史故事，馬上讓你營造出博學多聞的氣場，從頭到腳都噴出芬芳的文藝氣質，成為眾人欽佩的知識分子。

總而言之，《國家是怎樣煉成的：三分鐘看懂漫畫世界史》是一套適合任何人的歷史普及書，對於剛剛開始想要了解歷史的新手、對於喜歡快速有效地獲取知識的現代人來說，更是一套不可多得的好書，別猶豫了，快帶一套回家。

前言

神祕的忍者，是個什麼樣的存在？面對瘋狂的日本，泰國是如何保住性命的呢？印度的女性地位為什麼跟不上國家的經濟發展？伊朗的前身就是波斯帝國嗎？為什麼越南這麼喜歡模仿中國？新加坡為什麼至今仍保留鞭刑這種殘酷的刑罰……

微信百萬粉絲作者、知乎十萬粉絲大V「賽雷三分鐘」，用生動幽默的漫畫帶給大家最爆笑易懂的歷史故事。本系列涵蓋世界各國從古至今的發展史，讓你在歡笑聲中，輕輕鬆鬆熟悉國家的起源，是你了解世界歷史的不二選擇。

目錄
CONTENTS

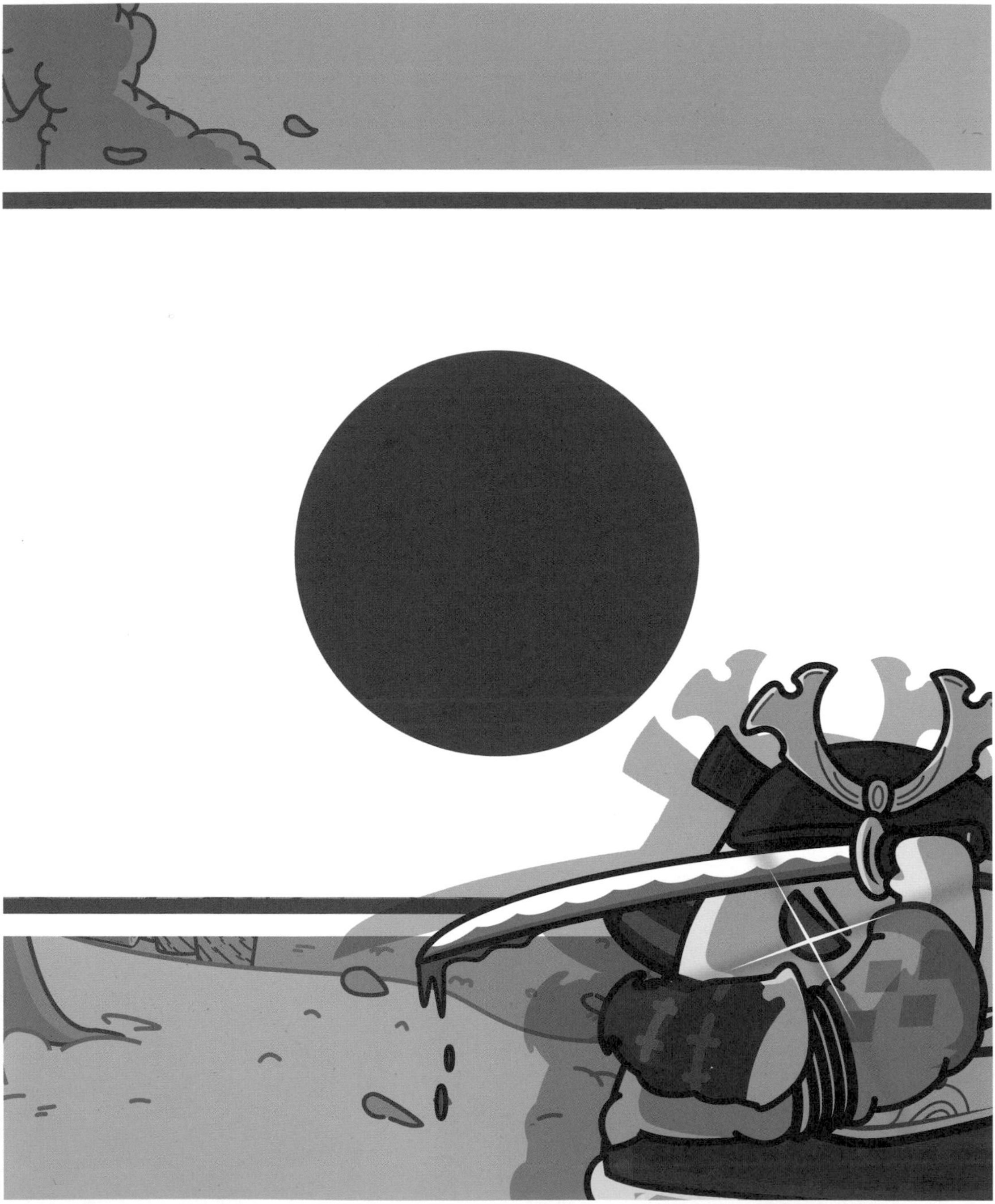

1 日本 Japan

與我們隔海相望的日本，其實是一個充滿故事的國家。

今天，就讓我們做個了結吧！

哼，我也是這麼想的！

但是因為中日戰爭的歷史，很多人有各自的愛恨情仇。
一天到晚看日本動畫片，
還記得你是哪裡人嗎?!
然而歷史是為了記取教訓，不是仇恨……
今天就讓我們以客觀的眼光，來了解一下日本的過去。

大家都知道，日本是一個島國。在航海技術不發達的古代，日本很難和其他國家發生關係。

要不然……重新投胎算了……

所以日本的早期歷史，就是當地人日復一日地吃飯、睡覺、種田……

緊接著，他們為了搶地盤、搶食物，又開始聚眾鬥毆。

這些部落也慢慢壯大，有一些甚至變成小國家。

多桑，這邊還要加強一下防禦哦！

其中一個國家最能打，打得其他人跪地求饒，統治日本的絕大部分區域，這個國家叫做「大和國」。
所以我們經常聽到用「大和民族」來稱呼日本人。

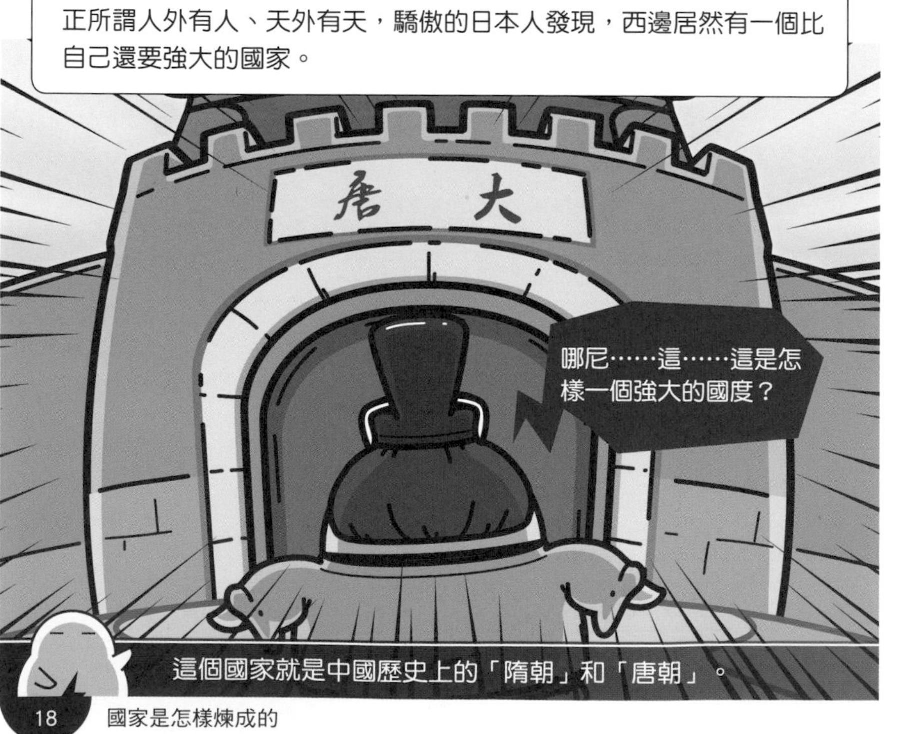

這個國家就是中國歷史上的「隋朝」和「唐朝」。

不得不說，日本人非常愛學習，他們很積極地派出使者到中國學習、取經。
日本遣唐使

遣唐使把中國許多制度、法律和文化都搬回日本，再進行改良、優化。
這個人是誰？
啟稟皇上，是一個小島來的鄉巴佬。

比如日本的官僚制度、花道藝術，甚至日本「天皇」的名字，都是這個時期從中國傳入日本的。
嗯，有進步！有進步！
這樣做的結果，就是讓日本的發展速度飛快。

後來中國又陷入戰亂，日本沒對象可學，只能再次自己悶著頭發展。

為了加速土地的開發，天皇頒布了一道命令，誰在荒地上種田開墾，那塊地就屬於誰。

剛開始的時候，老百姓的積極性可說是相當高。

但是他們很快發現，論搶地，根本搶不過那些有錢、有人的富豪和貴族啊！

結果有錢人得到愈來愈多的地，變得愈來愈有錢，而沒錢、沒地的老百姓，生活還是沒有變化。

這種不公平讓窮人開始不滿，他們開始去有錢人的地盤搗亂。

為了保護自己的土地，有錢人開始雇用保鑣。

保鑣名正言順地帶著刀，誰動老闆的東西就砍誰，
這些保鑣就是日本武士的起源。
日本武士

後來武士愈來愈夯，崇尚武力的日本人把武士奉為全民偶像。

就連天皇都覺得他們很酷，便讓朝廷引進武士，類似中國的武官。

這些武士在朝廷裡面待著待著發現……自己手上有刀，說話還挺方便的……誰不服？砍一刀再說。
天皇陛下，在下提出的意見你覺得如何？

當……當然是……你說怎樣就怎樣啦！

所以武士很快爬上權力高峰，連天皇都成為「花瓶」，
於是日本的「扛霸子」就變成武士了。

武士統治的時代叫做「幕府時代」，
最高統領叫做「征夷大將軍」。

源賴朝

【日本首任征夷大將軍、幕府制度的建立者】

但是用武力統治別人的人，最終也會被他人用武力推翻。
既然來了，又何必躲躲藏藏！

出來受死吧！
於是，武士之間開始長達幾百年的內鬥。

這就是大名鼎鼎的「日本戰國時代」。

織田信長、豐臣秀吉、德川家康這些比較出名的日本歷史人物，都是日本戰國時代的人，靠著打打殺殺闖出一片天。

這些武士不僅明著幹，還雇用間諜暗地裡互捅。

這些間諜喜歡穿深藍色衣服，在黑夜裡偷情報、搞暗殺，他們就是——忍者。

日本忍者偷襲敵人

忍者其實不神祕，說穿了就是特工。

今晚再搞不到情報，明天就要被留職停薪了！

他們玩的不是忍術，而是心跳，什麼隱身、變身、火遁、水遁都是漫畫、小說裡瞎編的。
一定不能抖啊！
不然今晚就要死在這裡了！
姊姊，妳看這個盆栽好奇怪哦……

所以這個時代的日本就一個字：亂。
但正是因為天下大亂，後來小說、遊戲等都有
很多創作素材，類似中國的三國時期一樣。

然而，西方國家開啟的大航海時代，正在悄悄改變著一切。

西方人來到日本賣東西、做生意，慢慢地擁有自己的勢力，逐漸威脅到武士的統治。

於是日本實行閉關鎖國政策，只允許
一小部分商人在特定的地方做生意。
你走吧！這裡不歡迎你！

而沒有得到允許的船只要稍微靠近日本，就會遭到日本的大炮攻擊。
過來過來，看來只能
給你點顏色瞧瞧！

但是日本的大炮很明顯沒有美國的大炮大，十九世紀美國強行闖入日本，迫使日本結束閉關鎖國。

畢竟誰的拳頭大就聽誰的，日本重新開放，並且開始向西方國家學習先進技術。

其他勢力趁機推翻武士的統治，重新把天皇迎回老大的位置。
你們終於來救我了！
不哭不哭！以後你又能當主人了！

而首位重新掌握大權的天皇，叫做「明治天皇」，
正是他開啟日本近現代的強國之路。
明治天皇

明治天皇採取一系列的改革，在經濟、教育、文化上都大量學習當時比較先進的西方文化。

這些措施讓日本成為最接近歐美的亞洲國家，史稱「明治維新」。

但是變強的日本，並沒有選擇做一個好人。

開始像他的「前輩」一樣，搞起侵略他國的那一套。
接下來的故事相信大家都比較熟悉了。

日本手搶朝鮮半島、腳踩東南亞，還對著中國
和俄羅斯吐口水。膨脹的日本進入帝國時代，
在兩次世界大戰中都打了卡。
日本二戰軍隊

發狂的日本就連美國的鬍鬚都敢撩，一九四一年，日本偷襲珍珠港。

於是本來中立狀態的美國，正式宣布加入「二戰」，最後丟了兩枚原子彈給日本，才讓日本徹底消停下來。

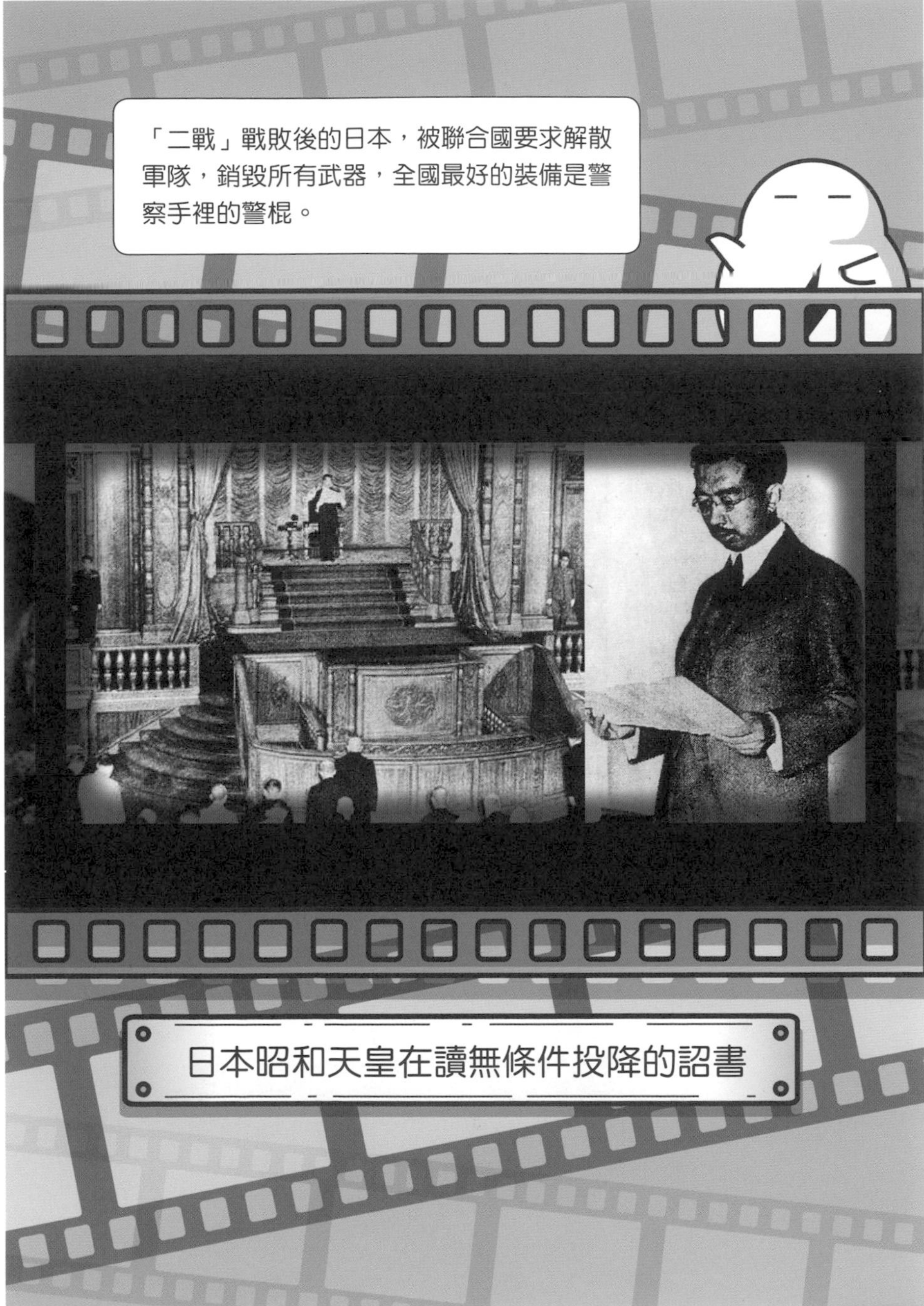
「二戰」戰敗後的日本，被聯合國要求解散軍隊，銷毀所有武器，全國最好的裝備是警察手裡的警棍。
日本昭和天皇在讀無條件投降的詔書

日本

而且「二戰」時日本人的狂熱，天皇對老百姓的洗腦也有責任。
殺！
殺！
殺！
殺！

照道理來說，天皇也屬於戰犯，是要被砍頭的。
・・・・・・・
我知道你們被洗腦了，就讓天皇替你們謝罪吧！

但是美國這個時候打起小算盤，希望日本成為美國在亞洲的一枚棋子。

於是美國就以為了保持日本社會的安定為由，放了天皇一馬。

但代價是天皇權力被剝奪，又變成和幕府時代一樣的「吉祥物」。

為了培養這枚棋子，美國在經濟、政治方面對日本提供援助，幫助日本在「二戰」後實現經濟恢復的奇蹟。
歡迎爸爸常來拉動經濟……

一九六八年，日本人均GDP僅次於美國，成為當時的世界第二大經濟體。
這個，虎父無犬子嘛！
TV

再次有錢的日本，自信心又重新燃燒，大量的創新在日本國內遍地開花。
FILTER
POWER
STANDBY
WHITE BALANCE
TAPE
BATT
DEW
CAUTION
比如攝影機、CD光碟、泡麵等，各種物品透過日本人製造就是品質保證。

由於日本的遊戲、漫畫、音樂等文化產業發達，隨著國力不斷增強，就成為歐美國家都認可的已開發國家，至今依然是亞洲發展程度最高的國家。

日本漫畫

客觀來說，日本人善於借鑑，把一個資源匱乏的小島國發展成這樣，確實很厲害。
東京航拍圖

但是某些軍國主義的領導人經常罔顧歷史，做出一些損傷亞洲鄰居感情的事情，也讓人非常反感。

不過無論如何，歷史是為了記取教訓，不是仇恨，日本目前依然是許多亞洲國家各方面要追趕的對象。

與其記恨日本，不如每個人從自己做起，思考如何讓自己的國家變得更加強大吧！
媽媽放心！以後我要看什麼動漫，自！己！畫！
日本篇・完

2

泰國

Thailand

從很久很久以前開始，日本人就有一個「夢想」——用武力征服亞洲。

而在第二次世界大戰的時候，日本也確實這麼幹了。
他派出軍隊到處侵略，把整個亞洲都拖進戰火！

不管是東亞的
中國，還是南
亞的印度，或
者漂在海上的
菲律賓……
嗖
嗖
嗖

都被像蝗蟲一樣的日軍，搞得元氣大傷。

在這場浩劫當中，唯獨東南亞的泰國毫髮無傷，一沒被燒、二沒被搶，成功躲過日軍魔爪，甚至還發了筆戰爭財。

面對瘋狂的日本，泰國究竟靠什麼保命呢？
聽雷雷講完泰國的歷史，你就明白是怎麼一回事了。

有種說法是，泰國人和中國傣族是親戚，從雲南那邊搬家過來的。

雖然起源不能確定，但可以肯定的是，泰國人的祖先文化比較差。

因為他們連史書都沒空寫，全是出國旅遊的中國人幫他們記下來的。

他推翻了其他小國，建立素可泰王朝，泰國人才閒下來寫點日記。

素可泰就成了泰國有史可考的第一個王朝。

坐落在泰國北部的素可泰城，又譯「宋加洛」，
亦名「他呢」，巔峰時曾有三十萬居民。
素可泰城遺跡

素可泰衰落後，泰國又經歷三個王朝，按順序來說，分別是阿瑜陀耶、吞武里、卻克里。
站在你們面前的可是阿泰、蠻王、素可泰、阿瑜陀耶。
是不是覺得名字聽起來很拗口？覺得拗口那就對了！

中國的古人也有同感，所以不管泰國王朝怎麼換，反正就叫你「暹羅」。
啊什麼啊！叫你暹羅是給你面子了！
於是越南、朝鮮等一幫中國的小弟，也跟著這樣稱呼。

古代泰國這些王朝，在亞洲真的沒什麼存在感。
主要是周圍強國太多，北有中國、西有印度。
什麼東西？好耀眼……

微不足道的泰國，只能安安靜靜當條鹹魚……直到十九世紀，西方人來亞洲搶錢、搶地。
嗯?!什麼聲音？

泰國這個小國家嚇得瑟瑟發抖，列強還沒準備下手，他就先認輸了，列強提什麼條件，泰國都答應，只要別動手打人就行。

從一八五五年到一八九八年，泰國連反抗都沒反抗一下，
就和十五個西方國家簽了不平等條約。
不平等條約簽訂晚會
今晚大家歡聚一堂，都是為了一個共同的小目標……
看上去是丟臉丟到家了，但其實泰國人在下一盤大棋！

他們一邊討好列強，保證自己不被幹掉。

Z
Z
Z
祕
技
另一邊抓緊時間進行改革，學習西方人的制度和技術。

有一代國王叫拉瑪五世，他是個傑出的改革家。
拉瑪五世

他建造出鐵路、工廠，讓泰國的經濟水準提升不少。

他還興辦各種西式學校，把潛力股都送到國外留學，王室的子女也都得去西方鍍個金回來。
廖遮甘買……（再見）
除此之外，這個人搞外交也很有一手！

他發現東邊的越南等國，都是法國的殖民地，而泰國西邊的印度和緬甸，都是英國的殖民地。
多虧老祖宗留下的本事沒忘記啊！

於是他就夾在中間搞事，今天和英國說，如果法國滅了我，下一步肯定就會吞掉你的殖民地；明天再反過來，跑去對法國說英國的壞話。

二十世紀初的曼谷

但他還是有點私心，沒學西方的民主制度，如果學西方玩民主那套，他這個國王要嘛被推翻，要嘛被奪權，只能混吃等死當個擺設。

但他擔心的事還是發生了，他兒子拉瑪七世登基時，正巧碰上世界經濟危機。
拉瑪七世

由於遭遇經濟危機，為了幫國家省點錢，拉瑪七世就炒掉一批王室僕人。
奶媽！妳回家吧！
孩子我自己餵。

本來是一片好心，結果卻被老百姓誤會是不管員工死活的黑心老闆……
忘恩負義，有了新奶忘了舊奶！

於是憤怒的老百姓紛紛起來鬧革命，把國王的權力給奪走。
帶著你的奶瓶滾出去！

這事的風波還沒過去，第二次世界大戰就爆發了，一群日軍在那裡摩拳擦掌，準備侵略東南亞。
東南亞
東南亞撕拉撕拉滴！
嗨！
嗨！
嗨！
嗨！

當時掌管泰國的人，已經變成政府的總理鑾披汶・頌堪，他對拉瑪五世戲耍英、法兩國的事印象深刻，準備把這套路再玩一次。
鑾披汶・頌堪

他先是和英國商量一起抗日，於是
英國同意替泰國撐腰。
大哥你看！
我抗日用品都買好了！
嗯！這位同學
悟性很高！

然後又跑去討好日本，說是要給日軍
帶路，日本也答應不對泰國下手。
太君！我可是一心向著您的！
日本國旗從不離身！
喲西！

這招一開始還挺管用的，日本不僅沒打泰國，還幫他從法國那邊搶了塊殖民地，泰國人臉上都笑開懷了。
我只需要跟著撿裝備就行了，這次牆頭草當得不虧！
但泰國人沒料到，日本是個不按牌理出牌的流氓，他只不過想把泰國養肥後再宰。

一九四一年末，日軍突然進攻泰國！
裝備撿得爽嗎？

泰國

泰國人反應也是快，馬上
擺出一副拚老命的姿態！
小鬼子，我和你們拚了！
噠噠噠……

象徵性地開了幾槍後立刻就投降了，畢竟保命要緊。
我投降
報告太君！我拚完了！

泰國出動大象幫日軍運送物資

此後泰國為了支持日本，又對英、美宣戰，
還派出部隊做日軍的打手，入侵中國雲南。

幫助日軍作戰的泰軍

日本人本來還想在泰國燒殺劫掠一番，沒想到泰國人會這麼配合，都快被感動得哭了，哪還好意思下手……

如果打我能讓您快樂，請選個您最喜歡的姿勢。

啊！為何有種心痛的感覺？是我做得太過分了吧?!

所以泰國才能在戰爭中沒什麼損失。

理論上來說，泰國完全是法西斯的幫凶，應該受到懲罰。

最令人驚訝的是，泰國還自稱是戰勝國，跑去找日本討賠償，拿到一百五十億日圓的鉅款。

又一次嘗到甜頭後，泰國決心把牆頭草當好當滿，誰強就跟誰混。

我好像聞到強者的味道！

「二戰」結束時，美國成為全球霸主，泰國毫不猶豫抱住他的大腿。

美國爸爸，蟬拉坤！
（我愛你）

美國攻打旁邊的越南，泰國就騰出一大塊地給美軍住宿，吃喝玩樂都伺候周全。
美軍在泰國的基地

後來美國在越南戰爭中失敗，撤出東南亞，泰國馬上意識到，北邊中國才是明日之星，又趕緊和中國建交。

事實證明泰國沒賭錯，和中國做買賣，
招待中國遊客，都是絕佳的生財之道。
薩瓦迪卡！
曼谷大皇宮，泰國旅遊的必去之地。二〇一
七年泰國接待中國遊客達九百五十萬人次。

除了中國遊客拉動經濟之外，中國做出什麼先進武器，也樂意與泰國分享。
421
泰國向中國購買的戰艦，由上海中華造船廠製造，以古代暹羅皇帝「納來頌恩」命名。

其實泰國也很無奈，畢竟國家不算大，一不小心就可能被幹掉，要保住家業，就只能看強國臉色見機行事。

最討厭你這種牆頭草，去死吧！

倒不如把泰國當成一面鏡子，從泰國對其他國家的態度，就能看出國家有沒有變強！

3

印度

India

如果雷雷是一個女的，然後有人問我：「你最不想出生在哪個國家？」我覺得我肯定會毫不猶豫地回答……印度。
肥雷汙擾
19號

之所以是印度，是因為這個國家雖然經濟發展得很快，但女性地位卻一直很低。
老子這麼帥！這麼有錢！妳個卑賤的女人有什麼資格看不起我！
看吧！正如我所說。

這裡超過半數的女性都遇過或大或小的性侵事件，甚至許多遊客
都曾表示受到過明顯的性騷擾。
呀！流氓啊！
美眉要入鄉隨俗啊！來我們印度不被
性騷擾個幾次等於沒來過啊！

而且印度社會還有很明顯的高低貴賤，直接把人分成好幾個等級。
你們這些低等賤民離那個正妹遠點！
謝謝你！

美眉客氣了！那些賤民怎麼有資格碰妳呢？
要碰也是我這種高等貴族啊！

要搞懂印度為什麼有這麼多陋習，我們還得從他的歷史講起。
在很久很久以前，印度文明其實是領先世界一大截的。

別人都在村裡住草房的時候，印度人已經用磚塊蓋起大城市，下水道、澡堂、花園一應俱全，相當會享受啊！

有人說是因為病毒肆虐，也有人懷疑是外星人入侵，總之它就是毀了。

這幫人死後，從西北方向過來的遊牧民族，在這裡建立「吠陀文明」。

他們替印度帶來一種叫「婆羅門教」的宗教信仰。
婆羅門教三主神之一——梵天

這種制度硬生生地把人分成四個階級，分別對應神身上的四個部位，其中地位最高的，是由祭司們組成的「婆羅門」階級。

他們被視為神的嘴巴，日常工作就是裝神弄鬼、坐吃等死……

王公貴族、將軍武士等，負責管國家、打敵人的傢伙，被稱為「剎帝利」，對應神的手臂，地位僅次於「婆羅門」。

「吠舍」是神的大腿，主要成分是商人、農民，就是為國家辛苦創造收入的那群人。

地位最低的就是「首陀羅」，都是一些沒有自由的奴隸，專做髒活、累活，還沒有勞健保，只能當一下神的腳。

差點忘了！除了這四個種姓，還有一個叫做「賤民」的群體。
大人！還有我呢！你把我忘記了！

賤民！賤民！看到你就想打你！滾遠點！
他們連級別都排不上，主要是些罪犯、戰俘，地位就相當於神腳踩的那塊地。

而且種姓是代代相傳的，如果你是經商的吠舍，你的子孫後代就算做生意賺了大錢，也只能當吠舍，不能往上面升級。

低種姓的人想升級成高種姓，辦法只有兩種，其中一種就是婚姻。

但在種姓制度中，低階男娶高階女是不被允許的，這種被稱為「逆婚」。
你走吧！我們是不可能的！
這是畸形的愛啊！
最後的結果只能是女方掉到和男方一樣的低種姓。

如果是低階女嫁入高階男家裡，她就能升級成和男方一樣的高種姓。
滾吧！像你這種低等首陀羅
是不配擁有愛情的！
而這，就是所謂的「順婚」。

可憐天下父母心，做家長的肯定都希望女兒嫁個好人家改變命運，於是高種姓的新郎，就成了搶手貨。
有種國王選妃的感覺！
娶我女兒！我女兒漂亮！
娶我女兒！我女兒能幹！

很多男方家庭卻藉此機會，索取高額的嫁妝，想狠狠敲女方一筆。
要我娶你們女兒也行！誰滿足我的條件，我就娶誰！
嫁妝没一百萬不娶

如果男方的要求得不到滿足，這新娘以後就沒好日子過了。

另一種升級方法就是「投胎」，按婆羅門教的說法，只要你好好做自己種姓的本分活，來世就能升一級。

不過照這麼算，最低階的賤民想成為婆羅門，就得生死輪迴四次。
小夥子幹勁很足啊，保持住！
你下下下下下輩子就能達到我現在的地位了！
下下下下輩子?!
是不是聽著都特別絕望呢？

於是呢，這種絕望就催生另一個對印度，乃至全世界都影響深遠的宗教——佛教。
快看！那座山頭有一道光！
哇！好柔和！好舒服的光芒啊！

據說在吠陀文明末期，有個叫喬達摩．悉達多的王子。
皇宮好無聊啊！好想來趟說走就走的旅行！

他本來在皇宮養尊處優，後來跑出去看到民不聊生的場景，開始思考人這一生為什麼要受苦難。
這就是我的國家、我的人民嗎？

最後他在一棵菩提樹下，悟出人生的痛苦來自於各種欲望，清心寡欲就能解脫，然後他改了個我們比較熟悉的名字「釋迦牟尼」，並開始到處宣傳自己的理念，這就是佛教的由來。

釋迦牟尼在菩提樹下涅槃

佛教宣揚的是不管你是什麼種姓，只要戒欲、修行佛法，就能在今生解脫，怎麼看都比「生死輪迴個四次先」的婆羅門教要划算。

所以佛教受到廣大印度人民群眾的歡迎，尤其是吠舍、首陀羅之類的低種姓，按讚、追蹤人數增加到停不下來。

後來印度出現一個空前強大的帝國，叫做「孔雀王朝」。

它的老大阿育王，直接把佛教定為國教，到處修建舍利塔和佛廟。

但佛教講究的是「不殺生」和「感化別人」，所以佛教在印度盛行時，也沒見婆羅門教徒遭到什麼迫害，他們就在暗中積蓄著力量。

而且佛教視女人為「淫欲」的來源，除非妳出家當尼姑，不然也是對妳敬而遠之。

印度先後遭到北方的安息人、大月氏人、阿拉伯人的入侵。印度被稱為「宗教博物館」、著名旅遊景點泰姬陵就是穆斯林建築藝術的完美瑰寶。
泰姬陵

婆羅門教也吸收一些佛教的元素，換個名字叫「印度教」，重新搭臺唱戲。

在接下來的漫長歲月裡，印度教徒和穆斯林也一直衝突不斷。

他們互相仇視了幾百年，經歷多個王朝起起落落、分分合合，誰也沒能滅掉誰。

然後，歐洲人帶著船堅炮利跑過來，表示也想摻一腳。

幾輪混戰過後，大英帝國成為印度的主人，開始壓榨、奴役印度人，還搞出很多屠殺和饑荒。

印度人覺得忍無可忍，第一次放下宗教和種姓的隔閡，聯合起來反抗暴政，險些就把英國殖民者趕回老家。
一八五七年印度大起義

面對憤怒的印度人，英國人祭出一個十分老套但總是管用的策略——挑撥離間。

首先就是分化原本就不怎麼和睦的穆斯林與印度教徒，比方說找一方談判，故意無視另一方，這樣他們就會相互猜忌。

然後再強化種姓制度，對婆羅門和剎帝利許以高官厚祿，這樣他們自然會為了保住利益，而幫英國壓迫低種姓的印度人。

但「二戰」之後的英國元氣大傷，印度要是鬧獨立的話，他們是壓不住的。

為了不讓印度過得太舒服，英國派來的總督
蒙巴頓提出讓印度教徒和穆斯林分別建國。
蒙巴頓

於是印度就此分裂，穆斯林建立巴基斯坦和後來的孟加拉國，印度教徒就搞出今天的印度共和國。

印度獨立後，想成為現代化的文明國家，馬上宣布廢除種姓制度，規定任何人不得因種姓、宗教而受歧視。

但說歸說、做歸做，婆羅門只占印度總人口的二十五分之一，他們卻占據政府的絕大部分高官要職。

某個被視為賤民集中地的城鎮發生水災，印度政府竟然拒絕花錢救災，害死非常多人。
我們要感謝這些賤……人民用生命來替國家節約糧食！
所謂上梁不正下梁歪，難道老百姓還能無視種姓制度？

所以低種姓的人在求學、找工作時，百分之百會受到來自高種姓的歧視和惡意。
去去去，低種姓招聘在出門左轉廁所旁！
招聘會
低種姓
與狗
不得入內

其中又屬賤民最可憐，只能做些喪葬、掃大街之類的工作，
走路還要戴個鈴鐺提醒別人避開。
鈴鈴⋯⋯
鈴鈴⋯⋯

像是賤民不小心觸摸到高種姓人，結果被活活打死的事情，對印度來說是家常便飯。此外，不僅種姓制度依然存在，男女不平等的現象也沒有消除。

地位低下的賤民階級

前面說的勒索嫁妝問題，現在愈演愈烈，每年有好幾千個女人被婆家活活燒死，還發明了專業的詞叫「索奩焚妻」。
兒子，爸爸教你一個成語叫做「索奩焚妻」。
好哇！好哇！

女性地位低下還助長了性侵犯罪，從二十世紀七〇年代到現在，性侵案數量翻了八倍不止，平均每二十多分鐘就發生一起。
嘿嘿嘿！
嘿嘿嘿！
嘿嘿嘿！

印度女性舉行反性侵活動

繁華的印度孟買市

但大家一提起他，首先想到的還是愚昧、落後和不平等。
落後
愚昧
不平等

罪魁禍首恐怕就是印度延續千年的種姓制度和男尊女卑觀念。

所以，如果不甩掉歷史的包袱，印度永遠都不可能成為真正意義上的強國。

印度篇・完

4

伊朗

Iran

一提到古希臘文明，西方人都會兩眼放光，瘋狂說各種讚美之詞，什麼「偉大」、「先進」，統統獻給古希臘。

現代的西方文明，很多地方確實都向古希臘學習，比方說議會制度，還有哲學、科學、藝術。

波斯帝國是何方神聖？和古希臘又有什麼仇、什麼怨呢？一切還得從頭說起！

說到「波斯」這個名字，大家最先想起的，可能是呆呆傻傻的波斯貓。
喵……
波斯

但對於古代人來說，聽見波斯可能要打個冷顫。
哇！這是哪裡來的波斯貓！
快拿走啊！
好恐怖啊！
喵喵？

Iran

波斯帝國是史上第一個領土橫跨亞、歐、非三洲的國家，波斯人開始創業的地方，就在如今西亞的伊朗。

波斯帝國誕生之前，伊朗這塊地方生活著大大小小多個部落，波斯只是其中一個，而且是不怎麼顯眼的那種。

直到一個叫居魯士的傢伙當上波斯的部落首領，
他覺得跑龍套太沒意思，一統江湖才爽，於是帶
人出去東征西討。
居魯士大帝

這傢伙很擅長激勵人心，每次開戰前都要對手下說，打完這仗，我們就過好日子去，然後手下都搶著替他賣命。

此外，居魯士還組織了一隊精兵，名叫「不死軍」。

他們之中如果有人陣亡，就立即挑個新人來頂替，人數永遠保持在剛好一萬。

怎麼打仗人數都不變，敵軍還以為這些士兵是殺不死的怪物，看到他們就躲得遠遠的。

很快波斯就把其他部落一個個打敗，從配角搖身一變成主角。

此後波斯又開始對外擴張，當起文明毀滅者！

西元前五三九年，波斯消滅了古巴比倫。

十六年之後，波斯又攻陷古埃及的首都。
挺上道的啊！知道我要來，把你自己的墓都準備好了！
經過波斯這一番折騰，四大文明古國瞬間毀滅兩個！

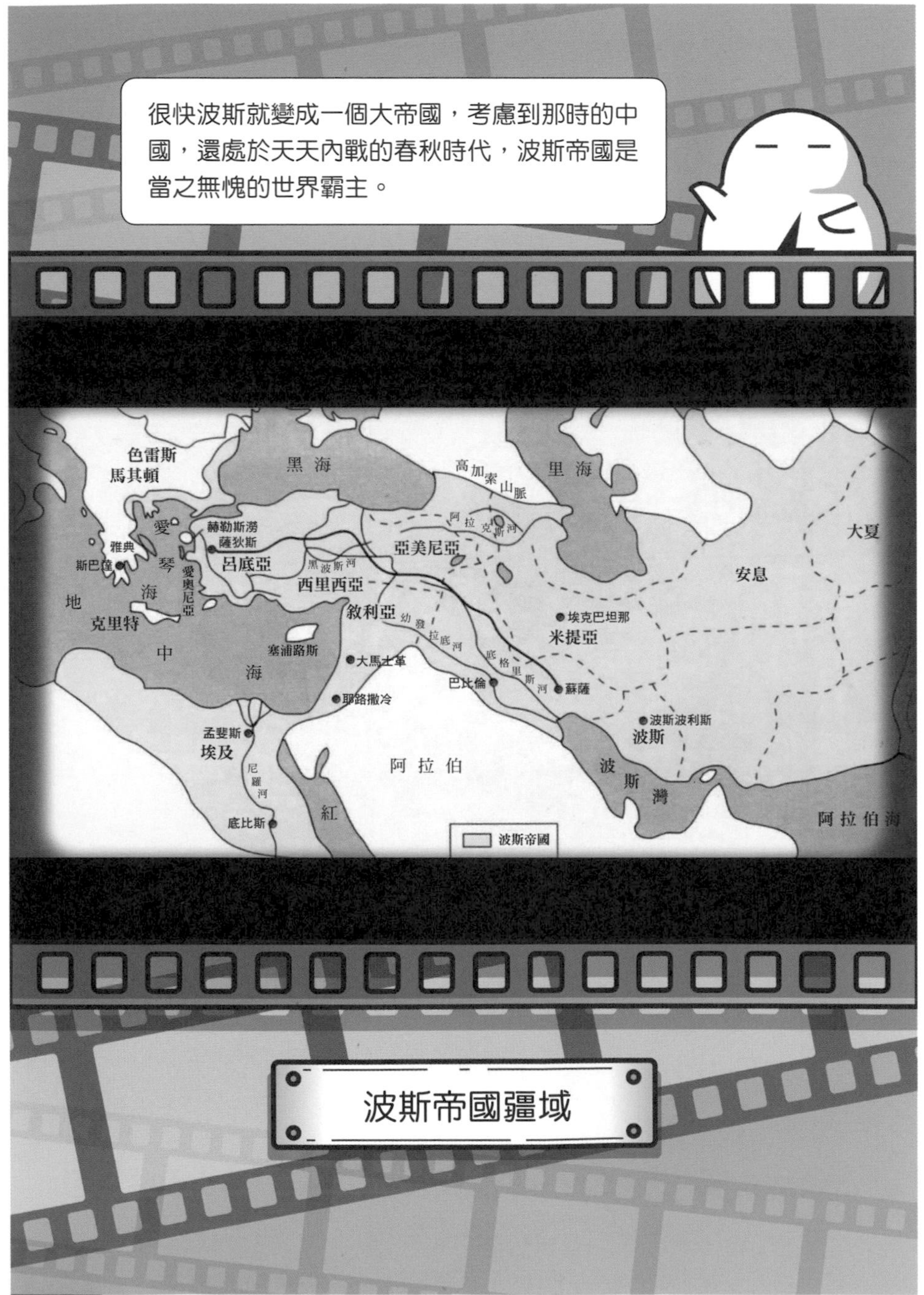
很快波斯就變成一個大帝國，考慮到那時的中國，還處於天天內戰的春秋時代，波斯帝國是當之無愧的世界霸主。
色雷斯
馬其頓
黑海
高加索山脈
里海
大夏
赫勒斯滂
薩狄斯
雅典
斯巴達
愛琴海
呂底亞
亞美尼亞
阿拉克斯河
黑波斯河
西里西亞
安息
地中海
克里特
愛奧尼亞
敘利亞
幼發拉底河
埃克巴坦那
米提亞
塞浦路斯
大馬士革
底格里斯河
巴比倫
蘇薩
耶路撒冷
波斯波利斯
波斯
孟斐斯
埃及
尼羅河
阿拉伯
波斯灣
紅
底比斯
阿拉伯海
波斯帝國
波斯帝國疆域

華麗的宮殿，還有各種精美的浮雕，在當時堪稱一絕。

以前亞、歐各地的計量單位不同，做生意超麻煩，你論斤賣、我按克買。

於是波斯發明一個計量單位，叫做「塔蘭同」，大家統一用這個算重量。

此外，波斯人
還是一群基礎
建設狂魔，到
處修建道路和
運河。
今天才修十條路，
比昨天少了，要加把勁了！

所以波斯的交通條件非常好，從海邊撈的鮮魚，運到內陸的首都時還是活的。
這魚真鮮美，再來一條！再來一條！
廚
這就做！

西元前五世紀末，強大的波斯終於殺到希臘的邊境。
哪來的瘋子？

希臘人一看情況不對，決定先下手為強，在波斯帝國內部挑起叛亂。
你們家都要打沒了！還不回去嗎?!

波斯人解決叛亂後，就派出大軍，氣沖沖地去報復希臘人。
兄弟們隨我去砸場子！
長達五十年的「波希戰爭」，就此拉開序幕。

波斯人多勢眾，隨隨便便就出動幾十萬士兵，外加一千多艘船。
完蛋了，完蛋了……

他們一度攻下大半個希臘，還放火燒掉雅典城。
一個活口都不留！
但希臘人骨頭很硬，堅決不投降！

他們利用希臘獨特的地形，把波斯人引進埋伏圈再痛打，每次都有奇效。
糟了！又中計了！

遠在異國他鄉打仗，又接連損兵折將，就算強如波斯也撐不住了。
這玩意兒就是主角光環啊！好脆哦！
啪

受挫的波斯最後只能灰頭土臉撤回國土，並表示再也不找希臘的麻煩。
。。。。。。。
你是壞人！我再也不理你了！

在希臘人和所有西方人眼裡，這是一場偉大的勝利，象徵著正義戰勝邪惡，保住西方文明的火種。
但接下來的劇情就有點反轉了。

希臘人教出一個徒弟，叫做馬其頓人，他們聯手入侵波斯。
不錯不錯，只要砍了波斯，你就出師了！

波斯因為在波希戰爭中受傷，暫時還沒恢復過來，被打得一敗塗地。
受死吧惡魔！一切邪惡都將被我斬殺！
搞什麼啊！不是說了不跟你們玩了嗎？

而波斯的國王也死於戰亂之中，波斯帝國就此滅亡。
GAME OVER

希臘人把華麗的波斯王宮一把火燒掉，然後再把國庫洗劫一空。
是不是看起來也挺邪惡的？

但西方人一提起這事，都說是「偉大的征服」。

此後波斯人再也沒能重現輝煌，先是被希臘人統治。

希臘人走了之後，他們本想復興波斯帝國，結果阿拉伯人又來了。
聽說你挺能挨揍啊?!吃我一掌！

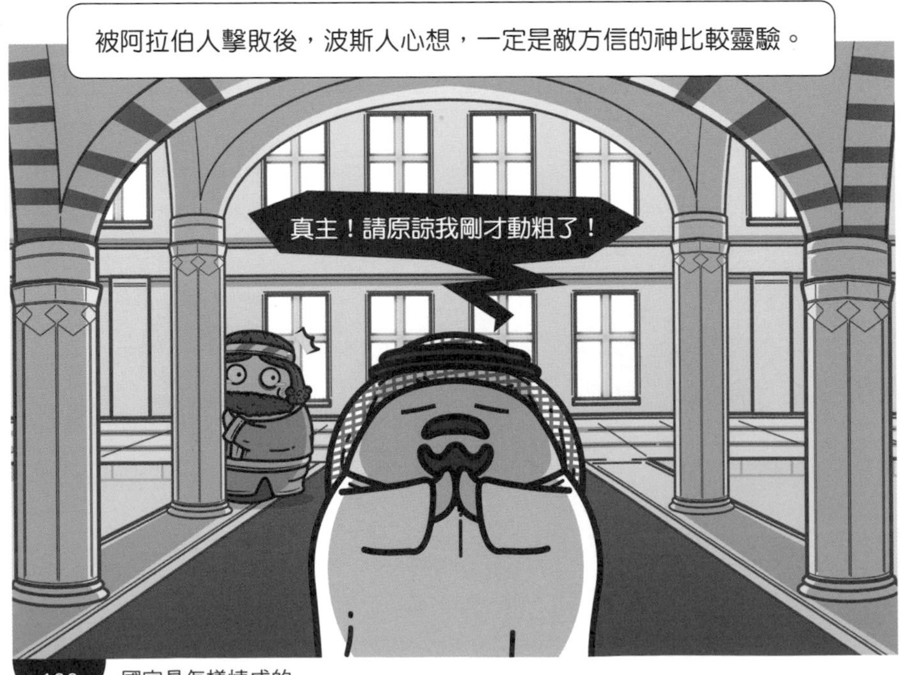
被阿拉伯人擊敗後，波斯人心想，一定是敵方信的神比較靈驗。
真主！請原諒我剛才動粗了！

成吉思汗從草原上過來，打敗了波斯人；從荒漠裡來的突厥人，也打敗了波斯人。

他們為了爭王位，打得頭破血流，打累了之後又各自占山頭，分裂成多個小王國，真是亂到不行。

到了近代，波斯直接就被列強瓜分，英國占一塊，俄國占一塊。

在風風雨雨裡，波斯迎來最後一個王朝。一九二一年，
一位叫禮薩．汗的軍官發動政變，建立新王朝。
禮薩．汗

正所謂換個ID換個心情，禮薩．汗於一九三五年廢掉波斯這個名字，從此改稱「伊朗帝國」，想把霉運統統甩掉。

沒想到這招靈驗了，伊朗地下挖出大量石油。

聞到油味的美國，趕緊跑過來買，伊朗也順勢和美國交個朋友。

美國為了石油供應不斷，答應會保護好伊朗，還賣給他很多武器。

這下就沒人敢欺負伊朗了，周圍的鄰居還要繞著他走。

嘗到和美國混的甜頭，伊朗帝國的第二代國王決定改革，照著美國的樣子，幫伊朗來個大整容。

這下就有很多老百姓不幹了，當年我們差點就掐死西方文明，現在還得學他們？
你要做「狗兒子」自己去！別拉上我們！
乖乖！別理他們！

憤怒的伊朗人發動革命，把國王給趕走了。
飛得好遠啊！
應該回不來了吧！

之後在幾個宗教領袖的指揮下，伊朗帝國經過一頓改造，最後成為伊朗伊斯蘭共和國。

不走西方的道路，這事是定下來了，但怎麼樣才能重回波斯帝國時的強盛呢？
我到底該怎麼做……

伊朗人的觀點是，有原子彈就是強國！
轟！
唔！我好像找到答案了！

共和國建立沒多久，伊朗就開始祕密研發核武。

西方國家如臨大敵，趕緊制裁伊朗，一根螺絲都不賣給他。
伊朗來啦！快關門快關門！
USA SUPERMARKET
CLOSE
CLOSE
即便如此，伊朗仍年復一年地把玩原子彈，讓西方頭疼得不行。

在多國調解下，伊朗在二〇一五年宣布放棄核武，西方國家也讓了一步，取消對伊朗的各種制裁。
好了好了，以後日子會好起來的！

但伊朗與西方的關係並沒有變好，西方一直把伊朗當作假想敵。
早……早安啊！
POLI
……

而伊朗也神經緊繃，養了幾十萬軍隊天天操練。

雖然在不遠的未來有許多不確定因素，但嚮往和平永遠是世界的主題！

畢竟，誰也不願意永遠生活在戰火之中……
伊朗篇・完

5

新加坡

Singapore

說起新加坡，大家的印象裡應該都是比較發達的、比較有錢的一個國家。

事實上也確實如此，二〇一七年新加坡的人均GDP可是全球第六名哦！排在非常靠前的位置。

但這樣一個已開發國家，居然還保留著鞭刑之類的酷刑，犯點小錯可能就要被打得屁股開花。
確實想像不到田僑仔的背後到底都經歷些什麼！
這不是古代才會發生的事情嗎？和已開發國家的感覺不搭啊！

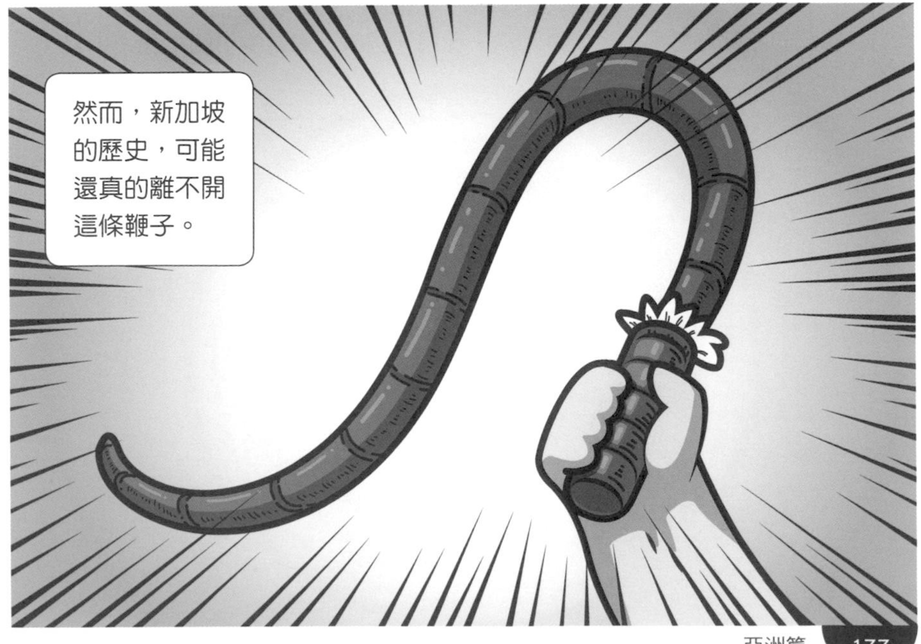
然而，新加坡的歷史，可能還真的離不開這條鞭子。

早在三國時期，東吳的《吳時外國傳》裡就有關於新加坡的記載……
東
吳
發現新大陸，趕緊記下來！

他們的船隊在馬來半島的最南端，發現一個叫「蒲羅中」的小島，
上面住的全是恐怖的食人族。
先別寫了！快救救我！

對於地大物博的中國來說，這個巴掌大的荒島著實沒有什麼吸引力。
連後花園都比他大，沒興趣，沒興趣！

在後來的史書中，他的記載僅限於「元朝皇帝派人來這裡逮大象回去玩」、「鄭和下西洋從這裡路過」這種……
路過
要不是有皇上的緣故，
我都懶得把你寫進去！

十八世紀時，英國要跑到印度和中國做生意，這樣他們就需要在東南亞建一個讓船隊停靠休息的中轉站。
下海這麼辛苦，當然要找個溫暖的港灣！

英國人考察來考察去，最後相中了新加坡。
就是這裡了！這種心動的感覺！

新加坡所在的馬六甲海峽，是很多條貿易航線的必經之路。
喂，別在這裡擋我的路！

被英國人開發後，新加坡很快變成世界最繁忙的港口之一，
很快也變成英國的殖民地。
跟著我，保證你吃香喝辣！
是，是！

繁榮起來的
新加坡，吸
引很多移民
來打工、做
生意，所以
人口年年暴
增。
2981……2982……2983……這小船怎麼裝得下那麼多移民？

這些移民中，大部分都是華人。十九世紀中後期，華人已經占新加坡總人口的六十%以上。
下南洋的華人

但是好日子沒過多久，二戰時日本人就打過來了！
八嘎呀路！受死吧！

由於英國軍隊不堪一擊，導致日本人
在新加坡肆無忌憚地燒殺搶掠。
日軍在新加坡

於是新加坡就萌生獨立、自力更生的想法。

英國覺得自己現在也管不動新加坡了，只能還他自由，於是一個叫李光耀的華人獲得新加坡人的信任，被選為國家領導人，即將帶領新加坡開始一段騰飛的神話。

年輕時的李光耀

不過神話開始前還有一段小插曲，新加坡獨立沒多久，很快又和隔壁的馬來西亞眉來眼去，想著人多力量大，兩個國家居然宣布合併。

但是兩個國家的人互看不順眼，臨時湊在一起的兩個政府也經常出現分歧。

結果兩年後，即一九六五年，新加坡又和馬來西亞分手，正式成立新加坡共和國。
新加坡國旗

其實李光耀一開始只想好好當個地方官，所以一直支持新加坡併入馬來西亞，這下好了，合併沒搞成，只能繼續自己帶領新加坡打拚，讓馬來西亞後悔。

李光耀制定很多發展經濟的計畫，決心帶領新加坡人過上好生活，比如提供外國企業優惠政策，吸引他們來新加坡；大力推廣英文教育，讓新加坡人能更容易去外企求職。

想法是很好，但要把這些全部落實，就得有一個工作效率高的政府。

要是整天搞貪汙腐敗，或者爭來爭去拿不定主意，就完蛋了。

這部法律裡還有很多細節規定，比如，當官員收到禮物時，必須上交國家。

如果實在喜歡那份禮物，也不是沒有辦法，可以按規定從國家那裡原價贖回。

李光耀還改造貪汙調查局，賦予他們非常大的權力，懷疑誰就能抓誰，都不用經過批准，抓回來審了再說，要把腐敗扼殺在搖籃裡。

而且李光耀有個很偉大的理想，那就是讓全國人民都有房子住，為了實現這個目標，新加坡在建國初期，就為老百姓建造「組屋」。

所謂「組屋」，就是政府蓋房子，用很便宜的價格讓老百姓去買、去租。

現在新加坡有八十五%以上的人都是住在這種房子裡，
只有特別有錢的人才會去買高級的小區商品房。
新加坡組屋

在全球房價都很高的今天，李光耀當年可以說是想得很遠了。

但是沒有人是完美的，李光耀雖然帶領新加坡實現華麗轉身，
但是他本人的一些做法，直到今天都非常有爭議……

新加坡曾經有個區的老百姓對他不滿意，轉為支持他的對手，李光耀就拒絕撥錢給這裡修路、修車站，沒多久這個區就變得破破爛爛。

為了讓人民老實聽話，李光耀也很喜歡使用重刑，上完公廁不沖水可能就要上法庭；在街上亂塗鴉，就直接鞭刑伺候。
小朋友！上完廁所千萬要記得沖水喲！
這裡說的鞭刑，可不是那種「阿嬤打你屁屁哦」。

行刑的都是受過特訓的壯漢，拿的藤條也是精挑細選，據說藤條會以時速一百六十公里親吻你的屁股，皮開肉綻是肯定的，挨個兩、三下基本上就痛暈過去了。而且新加坡至今都沒加入《聯合國禁止酷刑公約》。

新加坡鞭刑演示

雖說手段不太和諧，但是李光耀在新加坡當領導人的這幾十年，新加坡GDP平均每年增加七%，還成為世界上最清廉的國家之一，還有「世界第三大金融中心」、「全球綠化最好城市」等一大堆稱號。

新加坡也因為發展迅速，成功躋身「亞洲四小龍」之列，成為東南亞唯一的已開發國家。
HITACHI
一九八一年的新加坡就已經很現代化了

李光耀也因為新加坡的耀眼成就，成為世界上非常著名的國家領導人，許多國家都到新加坡進行考察學習，想從新加坡這裡學到一些發展的精華。

李顯龍在李光耀的葬禮上致哀

雖然李光耀並不完美，但是他為新加坡帶來的一切，都是不可抹殺的。

您在我們身上留下愛的痕跡，
我們會永遠記得！

新加坡從一個史書上的彈丸之地，變成今天這樣一個已開發國家，超出許多人的想像，因此新加坡也成為許多國家的學習對象。

現如今掌握新加坡大權的是李光耀的兒子李顯龍，他能否守住父親留給他的輝煌成就，繼續帶領新加坡爬上更高的山峰呢？只有時間能給我們答案了。
將頭髮梳成阿爸模樣，換上一身帥氣西裝。
新加坡篇・完

6

越南 Vietnam

對於中國人來說，上下五千年歷史，出現多個強大的王朝，是非常值得驕傲的一件事。
漢
唐
秦
明
元
但是對周圍的小國來說，就有點五味雜陳了。

和中國王朝搞好關係，可以開開心心做生意、學文化，要是惹火中國王朝，那就……
別怕！朕很隨和的！開心的時候打打獵，不開心的時候喜歡砍砍人頭！

對這點感受最深的，恐怕要屬越南了。在歷史上，越南中北部長期為中國領土，九六八年正式脫離中國獨立建國。
今天我們就來講講越南的歷史，以及他和中國各朝代的恩怨情仇。

根據越南的神話傳說，越南人早在青銅器時代，就建立一個名叫「文郎」的國家，老大叫做雄王。
老子一出生就註定是一段傳說！

據說有天中國商朝要收雄王當小弟，雄王不願意，商王就帶大軍進攻文郎國。

正當雄王嚇得都快尿褲子時，一個三歲小孩站出來救國了。

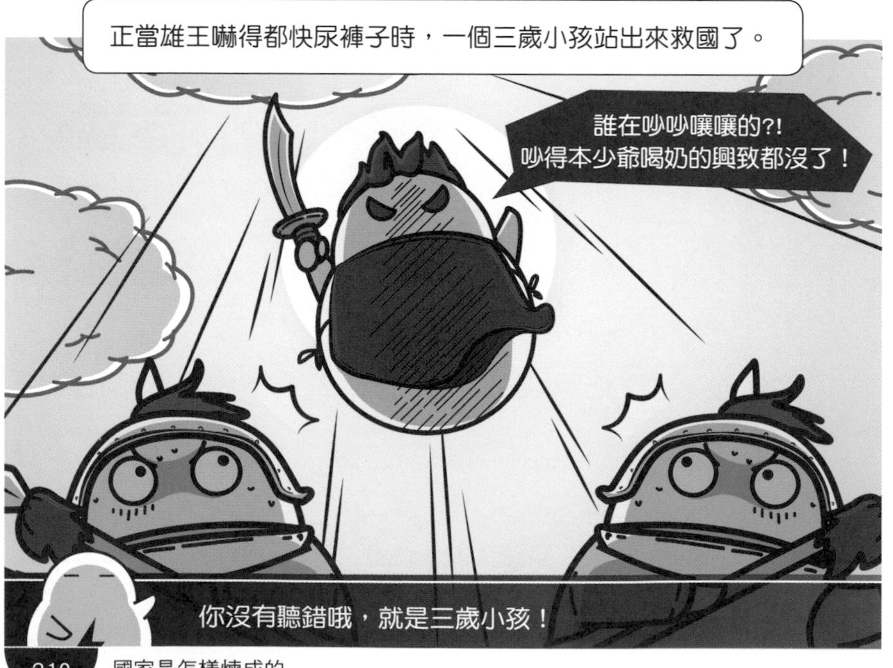

這傢伙躍馬揮劍，奮勇向前，如天神下凡，率雄王軍隊擊退了商軍。
商
商

然後這個小孩就騎著馬升天了，雄王尊稱他為「扶董天王」，到處替他修廟立碑。
嗯嗯，不錯，建完這個還有九九九個。

越南各地至今還立著他的雕像，
這就是初代抗中奇俠的故事。
扶董天王像

三歲小孩去打仗殺敵，這故事大家聽了笑笑就好，如果按正史記載來算，越南人第一次感受到被支配的恐懼，應該是秦朝時期。
聽說你家三歲小孩都能殺敵?!
把他叫出來讓我瞧瞧！

秦始皇派出大軍進攻中國南方，順手把越南北部給占了，給這裡取名叫「象郡」，還把中原的老百姓叫過來開荒種地。
秦
哇！這裡的水牛好大隻啊！
用來耕田肯定很棒！

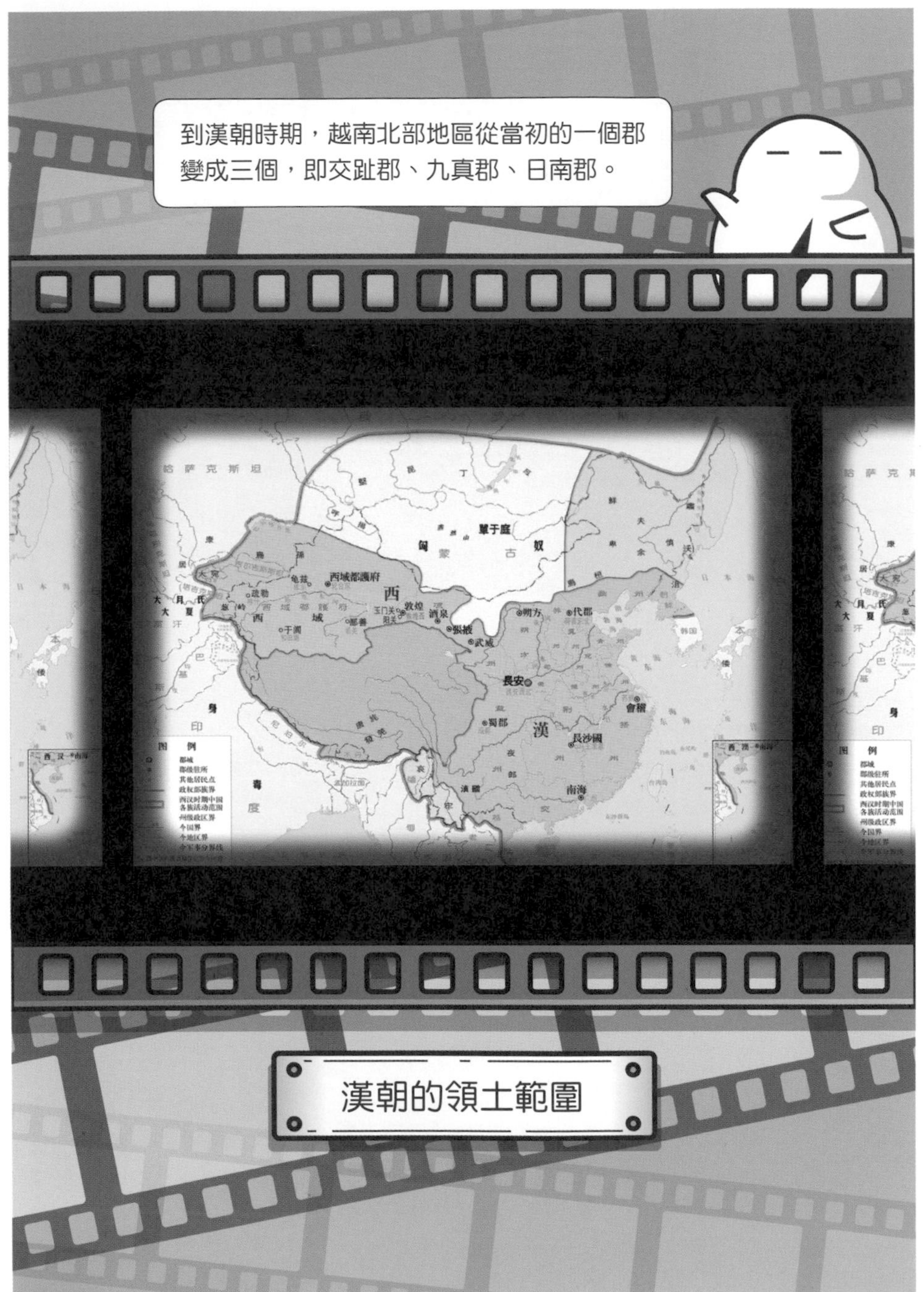
到漢朝時期，越南北部地區從當初的一個郡變成三個，即交趾郡、九真郡、日南郡。
單于庭
西域都護府
敦煌
酒泉
張掖
武威
朔方
代郡
長安
會稽
蜀郡
漢
長沙國
南海
漢朝的領土範圍

漢朝派來的太守，把中國的禮儀教授給越南人，還帶他們種莊稼，中央也提供不少優惠政策，比如減免稅收。
待會長官來了大聲喊「熱烈歡迎」！
那邊的，把橫幅舉高點！
熱烈歡迎長官來我

漢朝對越南人這麼體貼，主要是想穩固自己的統治，這地方離中原那麼遠，出事真不好收拾。
要不是怕他們造反，
我才懶得來這種地方！
但俗話說得好，怕什麼就會來什麼！

西元四〇年，號稱是神龍後代的徵氏兩姊妹，帶領一群越南人起兵，她們攻下了六十多座城池，都打到今天的廣西境內了！
徵氏姊妹叛亂

關於她們倆為什麼造反，越南人說是漢朝派來的太守壞，橫徵暴斂壓榨老百姓。

但中國這邊史官的記載是，她們倆的家人犯了重罪，被太守砍了，然後這兩人為了洩私憤就造反。

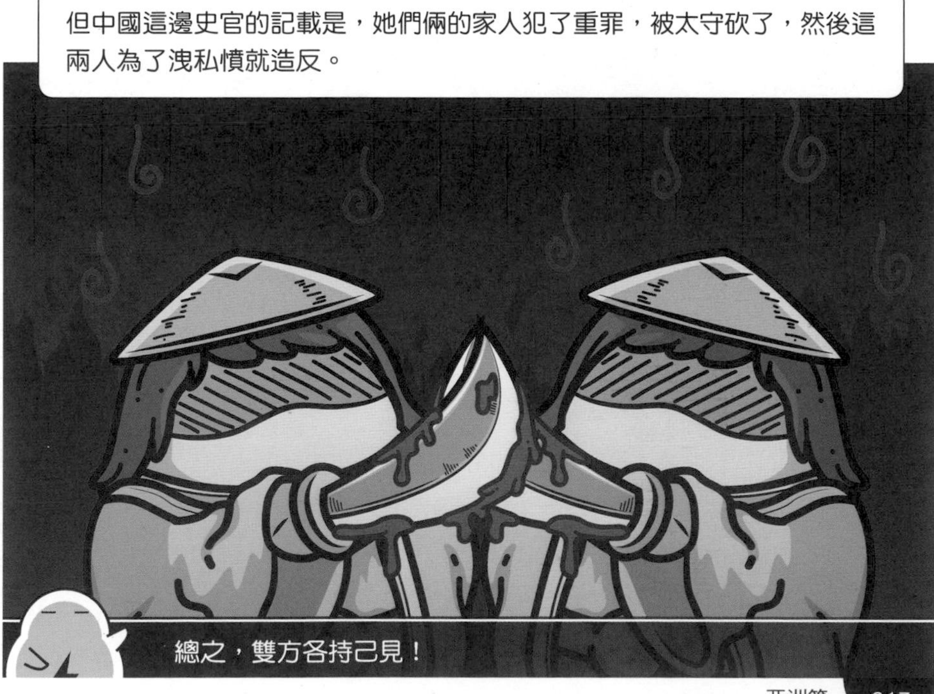

西元四二年，漢朝派伏波將軍馬援出征，一年後叛軍就被他滅團，徵氏姊妹的神龍血統一點都沒展現出來，在亂軍之中被砍死。
馬援的雕像

打了勝仗的
馬援，在越
南立下兩根
銅柱，表示
這是漢朝最
南端的領
土。
給我記好了，銅柱以內
皆為我大漢領土！

他怕越南人以後又造反，把代表漢朝的銅柱給拆了，就撂下狠話，
銅柱折斷之日，就是越南滅亡之時。
嗯?!
別……別誤會……我們只是看看牢
不牢固……防止砸到花花草草。

結果越南人腦袋很靈活，他們拿石頭把銅柱埋起來，以防意外倒塌，然後就開開心心接著造反去了。
這下可以放心去造反了！

此後越南人無數次搞事，湧現更多的「抗中奇俠」，比如一個叫趙光復的人。

行不更名，坐不改姓，在下正是趙光復！

結果真的有個仙童，坐著條黃龍從天而降，把龍爪借給他。
出現了！

趙光復拿著龍爪殺敵無數，最後成功逃出包圍。

雖然什麼仙童、神龍輪番上陣，但現實就是從漢朝到唐朝，
越南人大大小小幾百次造反，全部以慘敗收尾。

在真龍天子面前召喚神龍？
你再召喚啊！

換作誰輸這麼多次，肯定都會不甘心，只能編一些神話故事，意思就是我們雖然沒贏，但老天爺是幫我們的。
精神勝利
其實吧，就是輸了還嘴硬。

直到唐朝滅亡，中國進入五代十國時期，越南才看到一絲希望。
奏……奏效了?!

越南人供奉的吳權塑像

雖然是獨立了，但在之後的歲月裡，越南一直是中國的附庸國，國王要接受中國皇帝的冊封，每三年還得進貢一次。

越南的很多制度也是從中國學來的，比如九品官員制、科舉考試，這段時間裡，越南人編的史書都是用漢字寫的。

當西方列強來到亞洲搶地盤，直接把中、越兩國打成了難兄難弟。

滾開！

一八五六年，法國開始入侵越南，越南軍隊一路敗退，清政府還曾經組織過一次抗法援越，仗雖然是打贏了，但清政府莫名其妙突然變小孬孬，任由法國當上越南的主子。

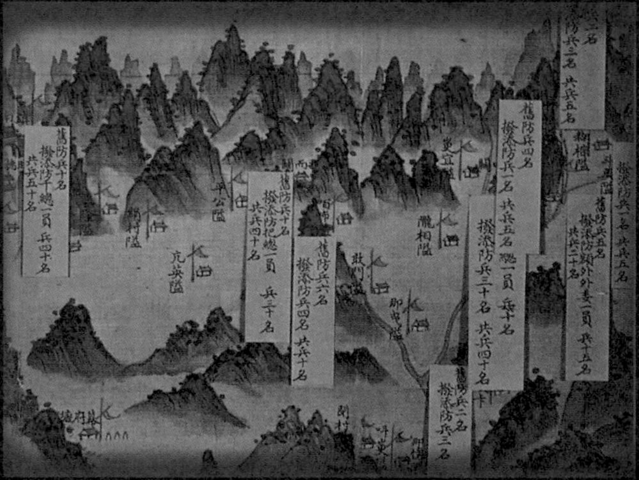

中法戰爭鎮南關清軍布防圖

不過越南人也沒放棄，祕密成立越南共產黨，帶人躲進深山老林打游擊。

後來終於等到日本投降，於是他們就鑽出來，
搞了個越南民主共和國。

但多事的美國又來了，他不想看到越共
掌權，就扶植一個傀儡政府，唆使越南
打內戰，後來乾脆親自過來參戰。
越南戰爭

中國這方力挺越共，把自家軍隊都沒用上的好槍好炮都優先送給他們用，還派人過去教他們打游擊戰。
越共部隊很擅長利用地形伏擊

以三百多萬軍民的犧牲為代價，越南人最終趕走美軍，推翻傀儡政府。
這小子這麼玩命！溜了溜了！

打敗這麼多強國後，越南人有點膨脹，感覺自己離天下無敵只差一步了，那就是幹掉幾千年來的心理陰影——中國。

越戰結束僅僅四年後，越南人就忘記中國的恩情，在邊境不停挑釁，朝中國軍民開槍，還占領中國的幾座山頭，有支越軍甚至喊出口號「打到南寧過春節」。

中國差點沒被這白眼狼給氣哭，果斷展開中越戰爭，一個月內就攻陷整個越南北部，直逼首都河內，教訓完他們就撤軍了。
中越戰爭

此後越南人還不甘心，繼續在邊境鬧事，中國的應變方針是來一次賞一巴掌，打到你服氣為止，就這麼在邊境斷斷續續打了十年。

越南最終被戰爭拖垮，經濟發展完全停滯，眼見鬥不過中國，他們立刻決定走回「學習中國」的老路。

一九八六年，越南推出「革新開放」政策，說穿了就是中國「改革開放」的山寨版。

比如中國前幾年開始鼓勵搞自主創新，球鞋、衣服代工之類的工作，很多就轉移到越南去做。

但就算是吃剩飯，也把越南給餵飽了，經濟每年以超過七%的速度增長。

不錯不錯，又長高了！去吃吧，這是今天的剩飯。

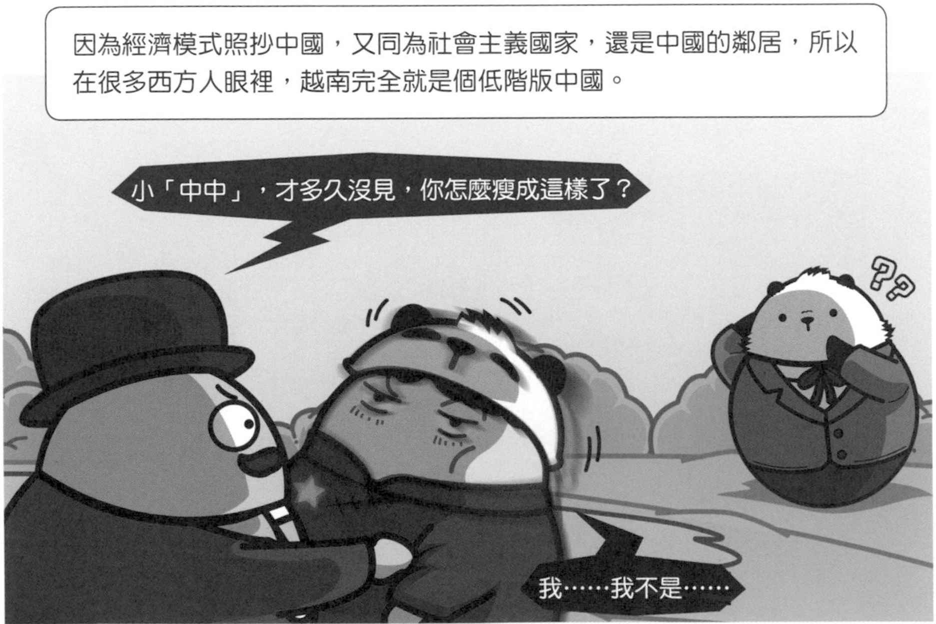

因為經濟模式照抄中國，又同為社會主義國家，還是中國的鄰居，所以在很多西方人眼裡，越南完全就是個低階版中國。

小「中中」，才多久沒見，你怎麼瘦成這樣了？

??

我……我不是……

想當初，為了脫離中國控制，奮鬥一千多年，後來還想反咬中國一口，結果到最後，還是和中國脫不了關係，這就是宿命啊！

早知道是這樣的結果，
當初就不反抗了……

越南篇・完

Fun 系列 052

國家是怎樣煉成的：
三分鐘看懂漫畫世界史【亞洲篇】

作　　者——賽雷
主　　編——邱憶伶
責任編輯——陳映儒
行銷企畫——詹濡毓
封面設計——李莉君
內頁設計——黃雅藍

編輯顧問——李采洪
董 事 長——趙政岷
出 版 者——時報文化出版企業股份有限公司
108019臺北市和平西路三段240號3樓
發行專線——（02）2306-6842
讀者服務專線——0800-231-705．（02）2304-7103
讀者服務傳真——（02）2304-6858
郵撥——19344724時報文化出版公司
信箱——10899臺北華江橋郵局第99信箱
時報悅讀網——http://www.readingtimes.com.tw
電子郵件信箱——newstudy@readingtimes.com.tw
時報出版愛讀者粉絲團——https://www.facebook.com/readingtimes.2
法律顧問——理律法律事務所　陳長文律師、李念祖律師
印　　刷——華展印刷有限公司
初版一刷——2018年12月14日
初版七刷——2023年3月14日
定　　價——新臺幣350元（缺頁或破損的書，請寄回更換）

時報文化出版公司成立於1975年，
並於1999年股票上櫃公開發行，於2008年脫離中時集團非屬旺中，
以「尊重智慧與創意的文化事業」為信念。

國家是怎樣煉成的：三分鐘看懂漫畫世界史．亞洲篇／賽雷作．-- 初版．-- 臺北市：時報文化，2018.12
240 面；17×21 公分．--（FUN；52）
ISBN 978-957-13-7632-5（平裝）

1. 世界史　2. 漫畫

711　　107020942

原著：國家是怎樣煉成的／賽雷　著、國家是怎樣煉成的2／賽雷　著
透過北京同舟人文化發展有限公司（E-mail：tzcopyright@163.com）
經天津華文天下圖書有限公司授權給時報文化出版企業股份有限公司
在臺灣地區發行中文繁體字紙質版，該出版權受法律保護，非經書面
同意，不得以任何形式任意重製、轉載。

ISBN 978-957-13-7632-5
Printed in Taiwan